Tucky Jo
y
Corazón

Para Kentucky Johnnie Wallen y su familia,
y para todos los valientes soldados que honran a su país.

TUCKY JO Y CORAZÓN

Originally published in English under the title: Tucky Jo and Little Heart
Spanish translation copyright©2019 by Lectorum Publications, Inc.
Text and illustrations copyright © 2015 by Patricia Polacco

This edition is published by arrangement with Simon & Schuster Books for Young Readers,
an imprint of Simon and Schuster Children's Publishing Division.

For permission regarding this edition, write to Lectorum Publications, Inc.,
205 Chubb Avenue, Lyndhurst, NJ 07071

Library of Congress Control Number: 2019943304

Printed in Malaysia

ISBN: 978-1-63245-726-4
10 9 8 7 6 5 4 3 2 1

Tucky Jo

y

Corazón

PATRICIA POLACCO

Traducido por Marcela Brovelli

Lectorum Publications, Inc.
Lyndhurst, New Jersey

Lectorum Publications, Inc.
Lyndhurst, New Jersey

═══ NOTA DE LA AUTORA ═══

Hace unos años, mientras estaba de gira visitando escuelas, me hospedé en un hotel de Virginia. Una noche, de camino a mi habitación, vi un estandarte militar en la entrada del salón comedor. Un grupo de veteranos de la Segunda Guerra Mundial celebraban un encuentro. Al asomarme, quedé sorprendida ante ellos, muy ancianos todos, comentando anécdotas acerca de sus experiencias en el Pacífico. Cuando entré, enseguida me invitaron a acompañarlos. Profundamente emocionada, escuché sus historias de coraje y heroísmo y me conmoví con el amor que se tenían unos a otros. También quedé asombrada ante su compasión por los aldeanos, a quienes habían liberado durante la guerra.

Esa noche, ya en mi habitación, pensé en los veteranos de mi pueblo, en lo conmovedoras que sus historias deberían ser.

En este libro cuento la historia que Johnnie Wallen me relató poco antes de morir, a sus 85 años, en enero de 2010.

Trataré de contar todo, tal como él me lo transmitió, en sus propias palabras.

Patricia Polacco

Nací en Allen, Kentucky, el tres de octubre de 1924. Crecí como cualquier niño de Kentucky, criado en el campo: más duro que carne seca vieja y veloz como liebre asustada. Sabía tallar y esculpir cualquier rama o madera. Era sigiloso como un gato: me volví un as para la caza. Aún no había roto el cascarón, y mi papá ya me había enseñado a usar la escopeta.

A los doce años, ya era conocido en tres condados por mi buena puntería. Era capaz de darle a un jején en el ojo a más de quinientos pies y, al mismo tiempo, escapar a toda carrera de un jabalí salvaje. En la feria de tiro de nuestro condado, siempre ganaba el primer premio. Hasta atraje el interés de Freda Hall, la muchacha más dulce de Prestonsburg. ¡Sabía que cuando yo fuera mayor la conquistaría!

Cuando yo tenía más o menos diez años, escuchábamos todo lo referente a la guerra que se había desatado en Europa, y lo que decían de ese tal Hitler. Después, leímos en el diario que habían bombardeado Pearl Harbor y que estábamos en guerra con Japón, en el Pacífico. Le dije a mi mamá que quería alistarme en el ejército para ir a pelear por mi país, pero apareció un problema: era demasiado joven para enrolarme. A pesar de que ya le había dado mi corazón a Freda, tenía que ir. Así que, cuando fui a inscribirme, mis padres mintieron sobre mi edad. Como era de esperarse, me aceptaron ese mismo día. Después de un entrenamiento básico, fui destinado a la Sexta Brigada de Infantería, compañía G, vigésima división. Y luego, fuimos desplegados por la región del Pacífico, ¡en el barco más grande que había visto en mi vida!

Pasaba todo el día mareado y vomitando. Hasta ese entonces, los únicos barcos que había visto eran unas balsas de río de mi pueblo, en Hominy Creek. Como era el recluta más joven, casi todos me llamaban "el niño de Kentucky" o, simplemente, "el niño". Al principio, eso me desagradaba, pero todos empezaron a respetarme en cuanto pude demostrar lo bueno que era con el rifle, y cuando nuestro sargento me eligió para un entrenamiento individual como tirador, y para manejar artillería pesada: explosivos. Más tarde, pasé a formar parte de un escuadrón muy específico encargado de ir a la selva a buscar y destruir nidos de ametralladoras y puestos de avanzada enemigos. Así fue como el alias "el niño de Kentucky" se convirtió en medalla de honor.

Estaba impaciente por tocar tierra para entrar en combate.

Enseguida que tocamos tierra, nos encontramos en el centro del conflicto. Jamás había visto tanta muerte y tanto sufrimiento. A nuestra división la enviaron a pelear a tantos frentes distintos que pronto todo empezó a volverse muy confuso. Nos decían "los excursionistas de la Sexta", porque batimos el récord de días consecutivos en batalla. ¡Peleábamos con uñas y dientes, codo a codo! Primero, en Milne Bay, después, en Maffin Bay, luego en Lone Tree Hill, Nueva Guinea, en Muñoz y, por último, nos dirigimos a Luzón, en las Filipinas. ¡Estuvimos 219 días seguidos combatiendo!

Cuando llegamos a Luzón, estaba muerto de cansancio, tan agotado que ni siquiera podía dar un paso. Ya no soportaba estar en la selva. Hacía calor, había humedad; un olor apestoso… el aire estaba pesado… y, encima, los insectos… ¡Jamás había visto tantos! Serpientes, lagartijas y, también, arañas enormes. Llovía todos los días. La tierra siempre estaba mojada y fangosa; vivíamos con los pies húmedos. Y pensar que yo había ansiado meterme en todo eso… Entendí que en la guerra no hay gloria, pero estaba en el ejército; mi deber era mantenerme firme y pelear por mi país.

Por las noches, soñaba con mi mamá y sus galletas caseras, sentía el olor a madera de pino de nuestra casa… Hasta podía ver el pasto verde de nuestro valle. Oh, cómo ansiaba estar con mi mamá y toda mi familia.

En Luzón, la misión de mi unidad era limpiar el terreno para construir una pista de aterrizaje y, también, nivelar el suelo para acampar y montar un puesto de avanzada. Me pasaba todo el día quitando la maleza con el machete y cortando lianas. Un día, me detuve para beber un trago de agua de mi cantimplora. De golpe, una nube de insectos me cubrió de pies a cabeza; algunos eran tan grandes como mi mano. Me picaban, estaban comiéndome vivo. No podía parar de rascarme, parecía un loco.

Tenía el cuerpo cubierto de ronchas. Algunas me ardían y dolían como las picaduras de las hormigas coloradas de mi casa. De pronto, oí el sonido de agua fluyendo cerca de mí. Aparté la maleza y vi una pequeña aldea nativa en el recodo de un río. Allí, varias aldeanas, con el agua por las rodillas, trataban de atrapar peces con las manos.

De repente, sentí que había alguien detrás de mí. Me di vuelta en el acto y apunté con mi rifle. Como en un sueño, una niña pequeña y escuálida estaba parada frente a mí. Era diminuta como un pigmeo y se la veía frágil como un cervatillo. Me arrodillé para observarla con toda mi atención. De algún modo, contemplar tanta inocencia me dio una paz que no había sentido en mucho tiempo. Ella estiró el brazo y tocó una de mis picaduras. Luego, se agachó y del suelo arrancó una hoja gruesa de una planta. La partió en dos y untó mi roncha con la baba que salía de la hoja. Fue instantáneo: ¡un alivio bendito! Así que los dos juntamos más hojas y cubrimos el resto de mis picaduras con la medicina.

—¡Gracias… muchas gracias, pequeño ángel! —susurré.

La niña se quedó parada allí. No sonreía, no decía nada… Sólo siguió mirándome, con aquellos ojos bonitos y afligidos.

—Mi nombre es Kentucky Jon —dije, tocándome el pecho.

Ella inclinó la cabeza hacia un costado.

—Kentucky Johnnie —repetí, en voz más alta.

Ella continuó mirándome.

—Tengo algo que te gustará —agregué, sacando de mi ración "K" un trozo de chocolate. Estiré el brazo para dárselo… Sabía que se moría por comérselo, pero ella se contuvo hasta que le puse el chocolate en la mano. Enseguida, se lo metió todo en la boca. ¡Temí que se atragantara! Masticaba con ansia, tragando casi sin respirar.

Nos quedamos ahí todo el tiempo posible. A su lado, me sentía en calma, menos nostálgico.

—¿Cuál será tu nombre? —murmuré.

De repente, noté que la niña tenía una marca de nacimiento en el brazo: un corazón pequeño, casi perfecto.

—¡Corazón! —dije, en voz alta—. ¡Te llamaré así! —susurré.

—¡Tucky Jo! —exclamó de golpe, señalándome.

—¡Tucky Jo!... ¡Tucky Jo!... ¡Tucky Jo!... —iba cantando mientras se alejaba corriendo hacia la aldea.

Luego, junté todas las hojas que pude y me las llevé al campamento.

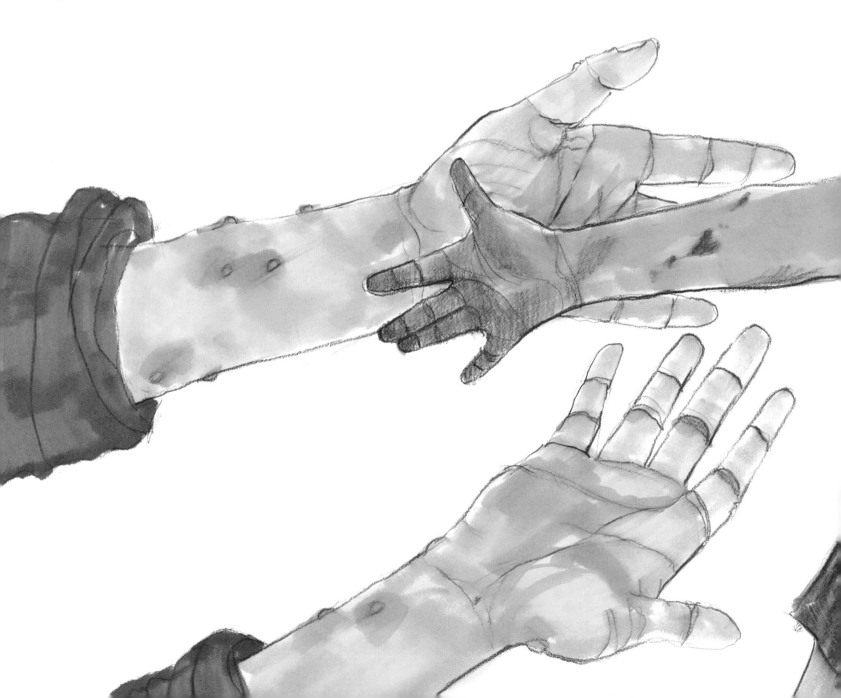

Cuando regresé les mostré a los médicos las hojas y la mejoría de mis picaduras. Muy pronto, las hojas empezaron a usarse para curar todo tipo de lastimaduras en la piel. En cuanto a Corazón, decidí no hablar de ella: sabía que los nativos podían ser espías. Temiendo que mi capitán pensara eso, decidí mantenerla en secreto.

Esa noche, me quedé tallando una bailarina para la pequeña. Había hecho muchas para mi familia, las llamábamos "muñecas articuladas". Como en las rodillas y en los codos les ponía alambre por el medio, al agitarlas balanceaban las piernas y los brazos, como si bailaran. Luego, sujetaba el cuerpo y la cabeza con un palo, por la espalda... Tenía ganas de ver a Corazón para enseñarle a hacer bailar a su muñeca.

Al otro día, me propuse ir al mismo lugar donde la había visto por primera vez. Esperé y esperé… hasta que, naturalmente, apareció. Saqué la muñeca articulada de mi mochila, le coloqué el palo en la espalda y lo moví suavemente. Como era de esperarse, la pequeña bailarina comenzó a balancear los brazos y las piernas. Corazón quedó como hipnotizada. De pronto, sonrió… y su dulzura y alegría de vivir nos hicieron olvidar por completo que en la isla había una guerra.

Desde entonces, casi todos los días empecé a encontrarme con Corazón para compartir mi ración "K". Después de un tiempo, decidí llevarle comida extra para que pudiera dársela a su gente.

Ella nunca intentó decirme ni una palabra. A mi entender, no hablaba inglés. Allí, yo había visto a muchos niños que estaban traumatizados por el combate sin tregua: no hablaban, no reían ni jugaban. Lo único que yo sabía era que necesitaba ver a esa niña todo el tiempo posible. De alguna forma, el contacto con ella le daba a la guerra un sentido diferente: como si toda la batalla fuera por Corazón... por todos los niños como ella.

Un día, cuando llegué a nuestro lugar de encuentro, ella no estaba. Sentí mucho miedo, pensando que tal vez podrían haberla herido. Agarré mi mochila, llena con mi ración "K" de todos los días, y me dirigí a su aldea. Cuando llegué, no vi a nadie por allí. Pero, luego, Corazón salió corriendo de una choza derrumbada y se abrazó a mis piernas. Al instante, mujeres, ancianos y niños comenzaron a salir de las chozas. Corazón me llevó a la suya.

Sentado en una hamaca, descansaba un hombre muy anciano, que se veía agotado y consumido.

—Tú debes de ser Tucky Jo. Yo soy Linus Zaballa —dijo, sonriendo.

—¡Habla inglés! —comenté, sorprendido.

—Por supuesto… aprendí en la escuela —Y sonrió.

Resultó ser que él era el único que sabía hablar inglés.

—Has sido muy bueno con mi nieta —agregó, señalando a Corazón.

La miré y sonreí.

—Es un ángel… aunque no habla mucho —comenté.

—Dejó de hablar el día que los soldados mataron a su madre. A su padre y a su hermano los tomaron prisioneros… —Al anciano se le quebró la voz—. Ahora, lo único que dice es tu nombre.

—¿Ven a muchos soldados por acá? —pregunté, intentando saber dónde se encontraban las tropas enemigas.

—No —contestó el anciano—. Nos sentimos tan agradecidos cuando se marcharon... No sabemos dónde están, se llevaron a todos nuestros hombres y nuestra comida. Estamos muriéndonos de hambre —agregó llorando.

—Pero muy cerca de acá hay un río... debe de estar lleno de peces —dije.

—Se llevaron todas las redes y los canastos. No tenemos forma de atrapar ninguno —contestó el anciano.

Me quedé pensando un momento.

—Haga que todas las mujeres formen una fila en la orilla del río, justo al anochecer. Le prometo que habrá pescado para todos, ¡más de lo que pueden comerse! —grité mientras corría hacia mi campamento.

Esa noche, esperé hasta que el sol empezó a ponerse. A hurtadillas, entré en la caseta donde se guardaba la artillería y agarré un montón de dinamita, detonadores y un cargador. Luego, empecé a caminar hacia la ribera, justo al norte de la aldea. Cuando llegué, armé un atado de explosivos, coloqué una línea larga de detonación y la llevé nadando hasta un grupo de rocas, en el centro del río. Después, regresé a la orilla y conecté las líneas de detonación al cargador. Esperé a que apareciera la fila de mujeres en la costa. Coloqué el magneto y bajé el émbolo.

¡PUM! ¡PUUUUUMMM! Cuando el agua hirvió, la explosión lanzó una gran ola hacia arriba.

Los peces comenzaron a llover desde el cielo, cayendo por toda la orilla del río. Las mujeres y los niños corrían de aquí para allá, en busca de recipientes para juntar más y más peces.

Mientras lo hacían, todos reían y cantaban.

Desde ese día, me convertí en "¡el niño que hacía llover peces!".

Durante semanas se dieron un gran festín. Lo que no se comía, se ponía a secar y se guardaba.

Hasta le disparé a un búfalo acuático y lo sacrifiqué para que tuvieran carne fresca.

El principal objetivo de mi vida pasó a ser ayudar a esa gente… siempre y cuando no tuviera que ir a misiones de reconocimiento o a combatir.

Después de un tiempo, le conté a mi sargento acerca de los aldeanos. Al darse cuenta de que no podían ser espías porque odiaban al enemigo tanto como nosotros, permitió que los niños se aproximaran hasta la cerca del campamento. Incluso empezó a darles víveres, que nos traían en avión a la pista de aterrizaje que habíamos construido.

Corazón era mi sombra. Me seguía a todos lados, excepto cuando debía irme a una misión de combate.

Cada vez que yo iba a su aldea, sentía que estaba en mi casa, rodeado por mi gente.

En mi grupo, todos habían empezado a quererlos.

Un día, a los de nuestra unidad nos despertaron de golpe, más temprano que de costumbre.

—¡Tropas enemigas vienen hacia acá! —vociferó el sargento—. El alto mando ordenó que bombardeáramos toda la selva que nos rodea… ¡hay que evacuar! —agregó.

—¡Arriba! ¡Levántense! ¡Vamos a bombardear la jungla! —gritaba, yendo de tienda en tienda.

—Sargento… ¿y Corazón…? ¿y los aldeanos…? —grité, desafiante y con pánico.

—No hay tiempo, niño. ¡No podemos salvarlos! —susurró él.

—Sargento, pero si voy ahora mismo y los traigo para acá… ¿no podríamos evacuarlos con nuestras tropas? —supliqué.

Ante un gesto de permiso del sargento, salí corriendo. Iba tan rápido que empecé a sentir sabor a sangre en la garganta. Llegué justo a tiempo. Todos los aldeanos se vinieron conmigo a la base. Algunos de mis compañeros de grupo cargaban a los nativos y los arrojaban en la parte de atrás de los camiones de transporte.

Corazón iba en mis brazos, agarrada con todas sus fuerzas.

Las bombas rugían sobre la selva, detrás de nosotros. Había fuego por todos lados.

—Tucky Jo… Tucky Jo —gritaba Corazón, abrazándome con más fuerza.

Pero tuve que arrancarla de mi cuello y arrojarla en uno de los camiones. Ella gritaba y gritaba. Creo que sólo se sentía a salvo conmigo… y ahora le estaba quitando esa seguridad.

Comencé a llorar. Corazón extendió los brazos hacia mí y quiso saltar del camión.

—No… mi ángel… tienes que irte… debes hacerlo… —balbuceé.

Luego, el camión arrancó con una sacudida. El abuelo de Corazón agarró con fuerza a su nieta, mientras la pequeña gritaba mi nombre…

Esa fue la última vez que vi a la niña.

Finalmente, la guerra terminó y regresé a mi casa, en Kentucky. Me habían herido varias veces, pero llegué entero.

Me casé con mi querida Freda. Nos mudamos a Marshall, en Michigan. Nos compramos una granja y tuvimos familia.

Freda me dio ocho hijos hermosos. Ya llevamos cerca de sesenta y cinco años de casados. Tengo veinticuatro nietos, veintiocho bisnietos y hasta un tataranieto.

Sin embargo, en todos estos años, no creo que haya pasado un solo día sin pensar en Corazón y preguntarme qué habrá sido de ella.

Con el tiempo, al igual que muchos otros soldados ya mayores, empecé a enfermarme más y más. La mayor parte del tiempo estaba en el hospital para veteranos, por la ruta a Battle Creek. Freda trataba de que me vieran especialistas, pero la lista de espera era tan larga que jamás logramos que me atendieran. Mi estado parecía empeorar cada vez más. Y lo más duro de aceptar era que me había quedado casi ciego y sordo. No teníamos dinero para comprar audífonos modernos y la cirugía de la vista era muy costosa... ¡imposible de pagar!

Un día, durante una de mis visitas regulares a la Administración de Veteranos, conocí a una enfermera nueva. Era delicada, amable y, en verdad, parecía comprometida con su labor. Tenía mi abultada historia clínica en la mano, que pasó a revisar en detalle.

—¿Este es usted cuando estaba en la guerra? —me preguntó mostrándome una fotografía vieja y arrugada—. Era muy buen mozo —agregó, sonriente.

—Ese es mi Johnnie —susurró Freda, acariciándome la cabeza.

—Tengo un medicamento nuevo, señor Wallen... mucho más efectivo que el que le han dado hasta ahora —dijo mientras me revisaba—. Me reuní con los especialistas y han tomado su caso. Por su condición, necesita medicinas muy específicas, así que le prescribieron las mejores —agregó, revisándome los latidos del corazón.

—¿Cuánto va a costar todo esto? —preguntó Freda.

—Ya se han encargado de eso —contestó la enfermera tomando a Freda de las manos.

—¿Y cómo logró que los especialistas vean a Johnnie? Nos hemos pasado años en la lista de espera. Ya habíamos perdido la esperanza —explicó Freda llorando.

—¿Por qué haces esto por mí, jovencita? —pregunté, mirándola a los ojos.

—Porque ahora, yo me encargaré de cuidarte a ti… tal como tú lo hiciste conmigo hace tantos años… —Entonces acercó su cara a la mía—. ¡Tucky Jo tendrá lo mejor! ¡*Todo lo mejor para ti… mi Tucky Jo!* —susurró la enfermera, con lágrimas en las mejillas.

Se levantó la manga de la bata dejando al descubierto una marca de nacimiento: un corazón perfecto.

EPÍLOGO

La enfermera Zaballa cumplió con su palabra y se aseguró personalmente de que Johnnie Wallen recibiera los mejores cuidados por el resto de sus días. Más tarde, le contó que había pasado toda la vida buscándolo con la esperanza de darle las gracias por tanta bondad. Fue por él que ella vino a Estados Unidos. Estudió Enfermería, se casó y tuvo tres hijos varones; dos son médicos, y el otro, ingeniero. Ella siempre sintió que nada de esto habría sido posible de no haber sido alimentada, cuidada, salvada por su Tucky Jo. Su mejor regalo para él fue encargarle los mejores audífonos, los más modernos de todos. También se aseguró de que lo operaran de cataratas. ¡Por primera vez en diez años, Tucky Jo volvía a ver y a oír!

Johnnie Wallen fue uno de los soldados más condecorados de su compañía:

2 Corazones Púrpura

3 Estrellas de Bronce

1 Punta de Flecha

Medalla de la Campaña en Asia y el Pacífico

Medalla por la Liberación de las Filipinas

Medalla del Servicio Coreano

Insignia de Combate

Medalla por Buena Conducta

Medalla de Victoria en la Segunda Guerra Mundial

Pero para Johnnie Wallen la medalla más significativa fue un pequeño corazón de plata con su cadena, que recibió de la enfermera Zaballa poco tiempo antes de morir. Detrás de la medalla decía: *Para mi Tucky Jo, de su Corazón.* Él falleció en enero de 2010, a los 85 años.